Eckhard Gruber

Das Hotel Adlon

Das Hotel Adlon

Eckhard Gruber

Berlin Edition

Inhalt

Genius loci   9

I. Die Vorläuferbauten   13
Der Bau einer reichen Witwe: Das Palais Kameke   13
Ein Eckgebäude, das „eigentlich keine andere Mitte
   als die Ecke selbst" hat: Das Palais Redern   16

II. „Adlon oblige" – Entstehung und Geschichte   21
Ein „Bürgertraum vom Adelsschloß"   21
„Flaggschiff der deutschen Hotelflotte"
   von Kaisers Gnaden   25
Die neuen Könige im Reich des Luxus:
   Lorenz Adlon und César Ritz   31
Die Wohnung in einen Automaten verwandelt:
   Zur Architektur des ersten Hotel Adlon   35

III. Der Adlon-Mythos   45
„Der Kaiser zahlte…": Das Adlon als ‚Hof-Hotel'
   und ‚inoffizielles Regierungs-Gästehaus'   45
Durchgangsort für Passanten und Schicksale   50
Schauplatz eines Kolportageromans:
   Das Hotel Adlon im Dritten Reich   53

IV. Etappen der ‚Wiederauferstehung'   62
‚Hotel garni VEB Adlon'   62
Adlon oblige II – Das neue Hotel Adlon   66

Literatur   70
Abbildungsnachweis   70

HOTEL ADLON

: Unter den Linden 1 :  : am Pariser Platz :

| Telegr.-Adr.: Adlonum Berlin | Telephon: Amt I, Hotel Adlon |

BERLIN   BERLIN

Modernster Komfort
Von keinem Hotel der Welt erreicht.

Preise mässig, Arrangements für längeren Aufenthalt vorteilhaft.
Festsäle, grosse und kleine Prachträume, besondere Anfahrt.
Konferenz-Zimmer, Palmengarten zum Five o'clock tea.
Restaurant Adlon am Pariser Platz Ecke-Unter den Linden 1.
Weingrosshandlung, berühmte eigene Kellereien.

Lorenz Adlon
Kaiserlicher und Königlicher Hoflieferant.

Genius loci

Zu den Botschaften Englands, Rußlands und Amerikas waren es vom Hotel Adlon nur wenige Schritte. Der Reichstag befand sich in Sichtweite, die Wilhelmstraße mit ihren Regierungsbauten war in wenigen Minuten erreichbar. Die Königlich Preußische Akademie der Künste residierte gleich nebenan, im ehemaligen Arnimschen Palais. Gegenüber, auf der nördlichen Seite des Pariser Platzes, befand sich seit dem Jahre 1862 die französische Gesandtschaft, hatten Bankiers und Unternehmer ihr Domizil. Am Wohnsitz und Atelier des Künstlers Max Liebermann vorbei führte der Weg zum nahegelegenen Tiergarten. Er führte durchs Brandenburger Tor, jenem geschichtsträchtigen Baudenkmal Berlins, das sich seit seiner Errichtung 1788–91 wie kein anderes sonst als Wahrzeichen der Stadt sowie als Symbol des Aufstiegs Preußens etabliert hatte. Von ihm bezogen die Gebäude des Platzes ihre Dimensionen.

Es war kein monumentaler Maßstab, der von dem frühklassizistischen Torbau vorgegeben wurde. Wie dieses ‚unfreiwillige' Nationaldenkmal in Relation zu den anderen Nationaldenkmälern vergleichsweise bescheiden ausfiel, so war auch der Pariser Platz mit seinen 1½ ha Grundfläche im Vergleich zu anderen repräsentativen Weltplätzen eher intimen Zuschnitts. Mit seiner dreiseitig geschlossenen Gebäudefront glich das westliche Entree zur Prachtstraße Unter den Linden weit mehr einem geräumigen Innenhof als einem der sternförmig-offenen Verkehrs- und Aufmarschplätze, die seit Mitte des 19. Jahrhunderts in den Metropolen entstanden waren.

Diese typische Mischung aus der Intimität und Eleganz des architektonischen Ensembles verbunden mit der Weltläufigkeit und Vielgestaltigkeit der hier ansässigen Institutionen trug dem Pariser Platz den Ehrentitel des ‚Empfangssalons' Berlins ein. Man darf sich durch diese anheimelnde Bezeichnung nicht täuschen lassen. Denn allzu schnell vergißt man darüber, daß hier ein einzigartiger Kommunikationsraum entstanden war, der alle Kraftlinien seiner näheren Umgebung aufnahm und bündelte: Jene der nahegelegenen Wilhelmstraße mit ihren Ministerien und Ämtern, die sich am ehesten noch mit der Londoner Downing Street oder dem Pariser Quai d'Orsay vergleichen ließe, jene der mondänen Wohn- und Geschäftsstraße Unter den Linden, die sich seit Mitte des 17. Jahrhunderts zunehmend zur preußischen ‚Via triumphalis' entwickelt hatte, sowie schließlich jene der Charlottenburger Chaussee, die das alte Berlin mit den aufstrebenden Stadtvierteln im ‚Neuen Westen' verband. Man muß daher das ‚Quareé', wie der Pariser Platz vor seiner Umbenennung im Jahre 1814 wegen seines quadratischen Zuschnittes genannt wurde, ebenso als Zentrum der nationalen Politik und Kultur sowie als Drehscheibe der internationalen Beziehungen begreifen, das aus dem Zusammentreffen zentraler Straßenzüge sowie aus der räumlichen Nähe unterschiedlichster Institutionen seine Vitalität bezog.

Es ist dieses besondere Kraftfeld des Pariser Platzes und seiner nächsten Umgebung, das die Geschichte des Hotels Adlon geprägt hat wie die keines anderen Berliner Gebäudes. En Detail trifft dabei für das Hotel zu, was auch von dem Stadtquartier gesagt wurde: Das 1907 eröffnete Hotel Adlon war ein Empfangssalon Berlins (Frontispiz). Nicht anders als der Pariser Platz bildete es einen ersten Anlaufpunkt in der Stadt. Hier wie dort gab die Reichshauptstadt ihre ‚Visitenkarte' ab, waren zentrale Gesellschaftsbühnen entstanden, auf denen sich die Wege der Staatsoberhäupter und Gelehrten, der Diplomaten, Schriftsteller, Unternehmer und Künstler überlagerten und kreuzten. Dementsprechend verdankte sich der legendäre Ruf des Nobelhotels nicht nur den gastronomischen Superlativen, die in Deutschland ihresgleichen suchten. Vielmehr war es der einzigartig verdichtete Kommunikationsraum des Hotels, die kosmopolitische Vielfalt und Verschiedenartigkeit seiner Gäste, die seinen Weltruf begründeten und den Hintergrund der Legende des Hotels Adlon bildeten.

Seine Bedeutung als Kräftefeld der internationalen Diplomatie und Politik, der Wirtschaft und der Kunst büßte der Pariser Platz mit der weitgehenden Zerstörung im Zweiten Weltkrieg sowie mit der Teilung Berlins durch den Bau der Mauer 1961 ein. Von diesem Bedeutungsverlust, der sich schon während des NS-Regimes abgezeichnet hatte, war auch das Hotel Adlon betroffen: Zwar wurde der Hotelbetrieb nach 1945 in einem Seitenflügel noch bis Mitte der siebziger Jahre aufrecht erhalten. Doch alle Pläne, das in der Nacht zum 6. Mai 1945 ausgebrannte Hauptgebäude wiederaufzubauen, scheiterten nicht zuletzt an seiner Lage in unmittelbarer Nähe zum Eisernen Vorhang.

Erst der Fall der Mauer im November 1989 sowie die Hauptstadtentscheidung zugunsten Berlins rückten den Pariser Platz – und mit ihm die Brache des ehemaligen Adlon – wieder ins Zentrum der Kapitale. Wie zu Glanzzeiten des Hotels werden auch heute die Botschafter Amerikas, Rußlands, Frankreichs und Englands in unmittelbarer Nähe des Hauses residieren. Das deutsche Parlament tagt im nahen Reichstag, die Akademie der Künste bezieht aufs Neue ihr benachbartes Domizil am Pariser Platz.

Mit der ‚kritischen Rekonstruktion' des architektonischen Ensembles und der Wiederansiedlung traditioneller Einrichtungen stellen sich wieder die Gäste aus der Kultur, der Wirtschaft und der internationalen Politik im neu errichteten Hotel Adlon ein. So hielt am 23. August 1997 der Ehrenpräsident der Akademie der Künste, Walter Jens, den Festvortrag zur Eröffnung des Hauses. Im April 1997 begründete der frühere Bundespräsident Roman Herzog im Hotel Adlon die Tradition der ‚Berliner Rede', der 1998 und 1999 der finnische Staatspräsident Martti Ahtisaari sowie der Generalsekretär der Vereinten Nationen Kofi Annan nachfolgten. Mit diesen Ereignissen restituiert sich aufs neue ein Kommunikationsraum Berlins, der mit der Gleichschaltung der einstmals blühenden Künste sowie dem Niedergang der deutschen Diplomatie und Politik während des NS-Regimes seine Ausstrahlung als weltläufiges Kräftefeld verloren hatte.

I. Die Vorläufer

Der Bau einer reichen Witwe – Das Palais Kameke

Die Präsenz von Diplomatie, Politik und Kultur an diesem Ort hat eine lange Tradition. Schon in dem Stadtpalais der Grafen Kameke, einem der frühesten nachweislichen Gebäude auf dem Grundstück des heutigen Hotels Adlon, mieteten sich während des späten 18. Jahrhunderts der englische sowie der holländische Gesandte ein. Mitte des 19. Jahrhunderts dagegen trafen sich Schauspieler und Gelehrte, Staatsbeamte, Komponisten und Schriftsteller im Salon des Grafen Redern an diesem Ort.

Das Anwesen der Grafen Kameke wurde vermutlich Ende der zwanziger Jahre des 18. Jahrhunderts errichtet. Ernst Boguslav von Kameke, Präsident des Kammer- und Schatullwesens sowie Oberhofmarschall Friedrich Wilhelms I., hinterließ 1726 seiner Witwe ein beträchtliches Vermögen. Diese ‚Wittfrau Kamekin' übernahm das an der Peripherie des Tiergartens gelegene Haus eines Kammerherren von Wilchpitz, das sie abreißen ließ.

Anstelle dieses Gebäudes entstand das Palais der Grafen Kameke, das 1734 nachträglich legalisiert wurde: Erst in diesem Jahr holte die Witwe eine Order Friedrich Wilhelms I. ein, auf dem (mittlerweile bebauten) Grundstück ein Anwesen zu errichten. Die Bauinitiative war also offensichtlich von der begüterten Grafenwitwe selbst ausgegangen, was für jene Zeit durchaus ungewöhnlich war. Denn weit häufiger folgten die Bauherren einer Order Friedrich Wilhelms I., der die Bebauung der Friedrichs- und der Dorotheenvorstadt mit großem Elan vorantrieb. Angesichts der leeren Staatskassen – mehr als zwei Drittel des Etats verschlang der Unterhalt seines stehenden Heeres – regelte der für seine sprichwörtlich ‚preußische Sparsamkeit' berüchtigte ‚Soldatenkönig' den Ausbau seiner Residenz Berlin in recht eigenwilliger Manier. Gemäß dem königlichen Leitsatz „Der Kerrl hat geld, sol bauen", stellte die Obrigkeit eine Liste vermögender ‚Baubewerber' zusammen. Ihnen wies man Grundstücke zu mit der Order, schnellstmöglich darauf Häuser zu errichten. Großzügige Bauzuschüsse, Kredite und Vergünstigungen sollten das oftmals unfreiwillige Bauherrendasein versüßen.

Für die entstehenden Kosten bildeten diese Erleichterungen freilich eine fragwürdige Kompensation: Denn die Besitzer hatten das sumpfige Gelände südlich und westlich des Stadtkerns erst noch in baureifes Land umzuwandeln, was häufig Unsummen verschlang. Von den Bauherren wurden daher alle Ausgaben aufs notwendigste reduziert. Anstelle prächtiger Giebelskulpturen, verspielter Kapitelle und ausladender Fensterverdachungen, wie sie zeitgleich bei den Barockbauten der süddeutschen Residenzen zur Ausführung kamen, zeigten die Berliner Gebäude schlichte Fassaden, die nicht selten auf jeglichen Bauschmuck verzichteten.

Auch das Barockpalais der Grafen Kameke folgte dieser verknappten Formensprache des ‚Soldatenkönigstils' (Abb. 1). Seine dem Pariser Platz zugekehrte Gebäudefront entbehrte jeder Ausschmückung, die neunachsige Fassade Unter den Linden dagegen wurde durch ein von zwei Doppelsäulen gerahmtes Eingangstor sowie durch einen Mittelrisalit als Hauptseite ausgewiesen. Die Ungleichbehandlung der Straßen- und der Platzseite hatte vermutlich eine einfache Ursache. Nach Maßgabe Friedrich Wilhelm I. sollten drei neue Plätze die Friedrichs- und die Dorotheen-

Abb. 1: Ansicht des Palais der Grafen Kameke (rechts) aus der ‚Lindenrolle' von 1820.

stadt abschließen: Das ‚Rondeel am Hallischen Thore', aus dem später der Belle-Alliance-Platz und heutige Mehringplatz hervorgegangen ist, das ‚Octogon am Potsdamer Thor', das 1814 in Erinnerung an die Völkerschlacht den Namen des Leipziger Platzes erhielt, sowie das ‚Quareé am Thiergarten Thor', das als letzter dieser Stadtplätze 1734 entstanden war. Während der Bauzeit am Palais Kameke war also der Pariser Platz erst noch im Werden begriffen, was die Vernachlässigung der Fassadengestaltung zu dieser Seite hin erklärt.

Als städtebaulicher Kontrapunkt zum Auftakt der Lindenallee am Stadtschloß kam dem ‚Quareé' unter den Plätzen Friedrich Wilhelms I. der erste Rang zu. Daß man sich jedoch schon vor der Anlage des Gevierts der bevorzugten Lage des Ortes am westlichen Abschluß der Linden bewußt gewesen ist, zeigt die Wahl des Architekten für den Kamekeschen Adelssitz: Kein geringerer als der Preußische

Hofbaumeister Johann Friedrich Grael (1708–1740), Schüler von Andreas Schlüter, dem Schöpfer des Berliner Stadtschlosses, zeichnete für das stattliche Barockanwesen verantwortlich.

Ein Eckgebäude, das „eigentlich keine andere Mitte als die Ecke selbst" hat – Das Palais Redern

1798 wurde das frühere Anwesen der Grafen Kameke an den königlichen Kammerherrn des Prinzen Heinrich von Preußen, Wilhelm Jacob Moritz von Redern, veräußert. Über einhundert Jahre verblieb das vornehme Stadtpalais nun in Familienbesitz. Den Repräsentationswünschen und -pflichten der preußischen Großgrundbesitzer genügte schon bald das spätbarocke Adelspalais nicht mehr. Das lag nicht zuletzt an dem wichtigen öffentlichen Amt, das Friedrich Wilhelm von Redern bekleidete, der das Anwesen 1818 gemeinsam mit seinem Bruder geerbt hatte.

Lange Zeit umtriebiger Lebemann, der eine vorzügliche musikalische Ausbildung genossen hatte, wurde von Redern 1828 durch den preußischen König Friedrich Wilhelm III. zum Generalintendanten der Königlichen Schauspiele ernannt. Redern stand damit einer der größten Bühnenvereinigungen Europas vor, die er bis ins Jahr 1842 leitete. Unter seiner Ägide begeisterten sich die Berliner an den Arien der ‚göttlichen' Henriette Sontag, gab die skandalumwitterte Lola Montez in der Oper Unter den Linden Ballettvorstellungen, gastierten der ‚Teufelsgeiger' Nicolò Paganini und der k.k. Hofball-Kapellmeister Johann Strauß (Vater) im Königlichen Schauspielhaus.

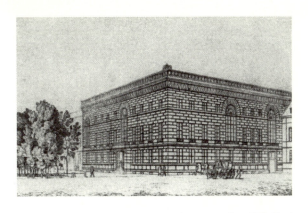

Abb. 2: Das Palais Redern vom Pariser Platz aus gesehen, 1835. Zwei Jahre zuvor war der Umbau des Palais Kameke durch Karl Friedrich Schinkel abgeschlossen worden.

Für den Umbau des früheren Palais Kameke zog von Redern den Architekten des Schauspielhauses, Karl Friedrich Schinkel, hinzu (Abb. 2). Schinkel hatte zu jener Zeit bereits der barocken Residenzstadt durch klassizistische Bauten wie die Neue Wache, das Alte Museum, die Schloßbrücke oder das Schauspielhaus das neue Antlitz eines ‚Spree-Athens' verliehen. Auch beim Ausbau von Adelssitzen hatte er reiche Erfahrungen sammeln können. Mitte des Jahres 1828 begann er mit der Bestandsaufnahme des spätbarocken Gebäudes, schon im Winter 1828/29 schloß Schinkel die Entwurfsarbeiten zum Palais Redern ab. Am 12. Mai 1829 wurde die Baugenehmigung erteilt und im

Abb. 3: In selbstbewußter Mäzenatenpose ließ sich der kunstsinnige Intendant vor seinem Palais am Pariser Platz verewigen, um 1840.

Jahre 1833, so Schinkel, der „Umänderungsbau gänzlich vollendet und das Palais in Gebrauch genommen."

Im Inneren erstreckten sich Schinkels Umbaumaßnahmen vor allem auf das Mittelgeschoß, in dem er die Repräsentationsräume anlegte. Der Grundriß der Wohnräume im Erdgeschoß blieb dagegen wie die tiefe Hofseite des Gebäudes weitgehend unangetastet. Anstelle des hohen Mansarddaches, das dem Kamekeschen Adelssitz sein charakteristisches Aussehen verliehen hatte, setzte Schinkel eine weitere Etage auf, in der die Räume für die Dienerschaft sowie die Gästezimmer eingerichtet wurden. Vier mächtige Rundbogenfenster, hinter denen sich der Antiken-Salon, eine in den prunkvollen Tanzsaal führende Zwischenhalle sowie die Redernsche Gemäldegalerie mit Werken Albrecht Dürers, Lucas Cranachs, Rembrandts u.a. befanden, gliederten die Gebäudefronten nach der Straßen- und der Platzseite hin.

Mit seinem nachgeahmten Steinfugenschnitt und dem schweren, abschließenden Kranzgesims lehnte sich das Bauwerk eng an das Erscheinungsbild der Florentiner Stadtpaläste des 15. Jahrhunderts an. Diese historisierenden Anklänge waren keinesfalls zufällig gewählt. Verstand sich doch Friedrich Wilhelm von Redern gleich seinen leuchtenden Vorbildern Cosimo und Pietro de' Medici als großzügiger Beförderer der Künste, dessen selbstbewußtes Mäzenatentum nun dank Schinkel architektonisch-sinnfällig inmitten des spätbarocken Umfeldes in Erscheinung trat (Abb. 3).

Schinkels Übernahme von Renaissancemotiven beschränkte sich nicht allein darauf. Auch die strenge horizontale Aufteilung der Gebäudefronten und die einfache spiegelbildliche Anordnung der Fensterachsen trugen wesentlich zur Gesamtwirkung eines Renaissancepalazzos bei: „Das Palais", bemerkte Schinkel am 6. Oktober 1829, „... hat als ein Eckgebäude … eigentlich keine andere Mitte als die Ecke selbst, von welcher ab die Stellung der Fenster an jeder Seite symmetrisch geordnet ist."

Mit dieser gleichgewichtigen Behandlung der Straßen- und Platzseite zollte Schinkel zugleich der mittlerweile gestiegenen Bedeutung des Pariser Platzes Respekt. Denn aus dem noblen Wohnquartier war durch die Errichtung des Brandenburger Tores eine zentrale Repräsentationsbühne des preußischen Staates geworden. Zwar waren es nicht die Preußen gewesen, die Langhans' Bauwerk, das seit dem Sommer 1793 von der Quadriga Gottfried Schadows bekrönt wurde, erstmals als Kulisse der Machtentfaltung entdeckten: Zwei Wochen nach den katastrophalen Niederlagen bei Jena und Auerstedt am 14. Oktober 1806 marschierte Napoleon durch das Brandenburger Tor in die preußische Hauptstadt ein. Doch mit dem Raub der Quadriga nach Paris im Frühjahr 1807 sowie ihrer triumphalen Rückkehr im Sommer 1814 wurde das Brandenburger Tor zum zentralen Sinnbild von Preußens Niederlage und Erneuerung, das fortan als Hintergrund bei den Militärparaden und Staatsfeierlichkeiten nicht mehr fehlen durfte.

Einer der zentralen Repräsentationsräume des Palais Redern, der marmorne Tanzsaal, in dem sich Alexander von Humboldt, Joseph von Eichendorff, Adelbert von Chamisso, Karl Friedrich Schinkel u. a. zu den Gesellschaftsabenden des Grafen von Redern einfanden, lag dementsprechend an der Ecke der Linden zum Pariser Platz: Dort gaben die Fenster den prestigeträchtigen Blick auf das neue Symbol Preußens frei. Alle späteren Gebäude haben es damit nicht anders gehalten: Im alten Hotel Adlon lagen die teuersten Gästeräume an dieser Stelle, im heutigen Hotelbau befinden sich hier das ‚Bundeszimmer' sowie die Präsidentensuiten.

II. „Adlon oblige" – Entstehung und Geschichte

Ein „Bürgertraum vom Adelsschloß"

Mit seiner harmonischen Durchbildung der Baumassen sowie seiner überlegenen Verwendung historisierender Bauelemente kann Schinkels Palais Redern als eines der großartigsten Bauwerke der Neurenaissance in Deutschland gelten. Sein Stil wurde darüber hinaus verpflichtend für die Nachfolgebauten des Pariser Platzes, die seit den vierziger Jahren des 19. Jahrhunderts allmählich die spätbarocke Bebauung ersetzten. Als im Juli 1904 erste Gerüchte aufkamen, daß an die Stelle des Palais Redern, das seit dem Jahre 1891 die Kunsthandlung Eduard Schulte beherbergte, ein prunkvoller Hotelbau treten solle, war daher die Entrüstung groß. Man fürchtete um die Gesamtwirkung des Platzes, der sich dank der Bauten Schinkels, Friedrich August Stülers, Eduard Knoblauchs u. a. zu einem der elegantesten Stadtquartiere Europas entwickelt hatte.

Daß diese Befürchtungen keineswegs unbegründet waren, zeigt ein Blick auf den Bautypus des Palasthotels, der sich seit Mitte des 19. Jahrhunderts in den Weltstädten und mondänen Kurorten herausgebildet hatte. Mit ihren überladenen Barockfassaden, aber auch mittelalterlichen Erkern und Zinnen, ihren kolossalen Säulenordnungen und monumentalen Turmaufbauten glichen die meisten Palasthotels damals in ihrem Äußeren weit mehr ins Hypertrophe gesteigerten Schlössern und Burgen als Zweckbauten des modernen Zeitalters, die, wie die gleichzeitig entstehenden Warenhäuser und Bahnhöfe, ihre Existenz dem gestiegenen

Personen-, Waren-, und Geldtransfer im Gefolge des Eisenbahnbaus und der industriellen Revolution verdankten.

In London und Paris, Amsterdam und Wien waren es die Wallfahrten zu den Weltausstellungen gewesen, die einen regelrechten Bauboom auf dem Hotelsektor ausgelöst hatten. In Berlin dagegen, das nie eine Weltausstellung ausgetragen hat, begünstigte erst die Reichsgründung 1871 die Entstehung großer Hotelkomplexe, die allmählich die traditionsreichen Gasthöfe der Stadt verdrängten. Während die französische Kapitale mit dem Grand-Hôtel du Louvre, das 1855 auf Anregung Napoleon III. zur Weltausstellung errichtet wurde und mit dem zur Weltaustellung 1862 eröffneten Grand-Hôtel an der Oper über gleich zwei 700-Zimmer-Bauten verfügte, die lange Zeit als die größten Luxusherbergen des Kontinents galten, waren es in Berlin noch bis in die sechziger Jahre des 19. Jahrhunderts zumeist unscheinbare Mietshäuser gewesen, die den Fremden in ihren umgebauten Räumen Unterkunft boten.

Das änderte sich zwischen 1873 und 1893. Während dieses Zeitraums entstand eine erste Generation großer Palasthotels, die nicht nur Vergnügungsreisenden, sondern vor allem auch der schnell wachsenden Schar von Geschäftsleuten zur Verfügung standen. Neben der Reichsgründung mit ihrer Zentralisierung der politischen und administrativen Institutionen in der neuen Reichshauptstadt wirkten sich jetzt auch der schnelle Aufstieg Berlins zum größten Industrie-, Banken- und Handelsstandort Deutschlands sowie seine verkehrsgünstige Lage als Knotenpunkt des ausgebauten norddeutschen Eisenbahnnetzes auf den Beherbergungssektor aus.

Dem Vergnügungstourismus nach Berlin kam im Vergleich zu anderen Weltstädten zunächst eine eher unbedeu-

Abb. 4: Einstmals vornehmstes Haus der Reichshauptstadt: Ansicht des 1943 ausgebrannten Hotels Kaiserhof, vom Wilhelmplatz aus gesehen.

tende Funktion zu. Daß jedoch auch hier, spätestens seit dem Jahre 1871, ein Nachholbedarf bestand, bezeugt der Bau einer Reihe von Luxus- und Familienhotels, die alle bisherigen Anlagen in ihrer Größe, technischen Ausstattung sowie im gebotenen Komfort übertrafen. Mit dem Hotel Kaiserhof am Wilhelmplatz, das 1875 im Beisein Kaiser Wilhelm I. eröffnet wurde (Abb. 4), dem Hotel Continental am Bahnhof Friedrichstraße (1884–85) und dem Hotel Bristol Unter den Linden (1890–91) fand Berlin schließlich um etwa dreißig Jahre verspätet den Anschluß an die internationalen Hotelstandards der Weltstädte Paris und London.

Nur in einem einzigem Falle, dem Hotel Kaiserhof, konnten die neuen Nobelherbergen in ihrer idealtypischen Form als freistehende Baublöcke verwirklicht werden. Alle anderen Großstadthotels waren dagegen in die Häuserfronten eingebettet und dominierten damit ihre nähere Umgebung. Das lag zum einen daran, daß die Rentabilität zu Großbauten zwang, die alle Nachbargebäude durch ihre schiere Größe erdrückten. Die fehlende Einbindung resultierte zum anderen jedoch auch daraus, daß die Architekten dem Geltungsbedürfnis und dem Geschmack ihrer Kunden in einer repräsentativen Schauarchitektur Rechnung trugen, die sich werbewirksam von ihrer nächsten Umgebung abhob.

Eine ‚standesgemäß'-historisierende Fassade war dabei für die Hotelbetriebe überlebensnotwendig: Erst das palastartige Äußere schuf beim Adel die Akzeptanz, sein herkömmliches Quartier im Stadtpalais mit den Suiten des Luxushotels zu vertauschen. Neben dem Adel rückte im letzten Drittel des 19. Jahrhunderts auch das Großbürgertum zur gleichberechtigten Klientel der Nobelherbergen auf. In den Grand-Hotels usurpierte der neue ‚Geldadel' jetzt demonstrativ die Lebensformen der Aristokratie. Auch das Nobilitierungs- und Distinktionsbedürfnis der Emporkömmlinge der Gründerzeit fand in den steingewordenen „Bürgerträumen vom Adelsschloß" (W. Richter / J. Zänker) seine architektonische Entsprechung. Diese gängige Baupraxis auf dem Hotelsektor ließ für den Neubau am Pariser Platz das Schlimmste befürchten. „Ein prunkvoller Hotelpalast im reichen Barockstil", kommentierte 1905 vorausgreifend das *Berliner Tageblatt*, „erscheint gerade für den schlichten vornehmen Charakter des Pariser Platzes als der allerungeeignetste."

„Flaggschiff der deutschen Hotelflotte" von Kaisers Gnaden

Daß angesichts der öffentlichen Proteste, trotz bestehenden Denkmalschutzes und trotz problematischer Verkaufsverhältnisse das Palais Redern überhaupt zur Disposition stand, verdankte Lorenz Adlon keinem geringeren als Kaiser Wilhelm II., der sich persönlich für einen Hotelneubau eingesetzt hatte. Per Dekret wies er seine Behörden an, den Schutz des Palais Redern außer Kraft zu setzen, mit der fragwürdigen Begründung, Schinkels Werk habe durch seine Umnutzung ohnehin irreparable Schäden davongetragen. Er befreite darüber hinaus Graf Innocenz von Redern, der das Anwesen 1883 geerbt hatte, von dem sogenannten Familienfideicommiß, jenem Gesetz, das ein Anwesen zum unveräußerlichen Familienbesitz erklärte. Des Kaisers Engagement ging so weit, daß er sich bei der Beschaffung von Krediten persönlich für Adlon verwandte, was angesichts der horrenden Grundstücks- und Baukosten keinesfalls nebensächlich war.

Am 3. April 1905 erwarb Adlon das Redernsche Palais für ca. 4½ Mio. RM. Schon sechs Wochen später genehmigte der Kaiser, der die einzelnen Planungsstadien überwachte, den Fassadenentwurf des neuen Hotels. Im Juli 1905 folgte der Kauf des Hotels Reichshof in der Wilhelmstr. 70a, das in den Neubau mit einbezogen wurde. Nach einer Bauzeit von ca. 2½ Jahren konnte am 26. Oktober 1907 die Eröffnung des Hotels Adlon feierlich begangen wer-den (Abb. 5). Wilhelm II., der in Form eines Ölgemäldes Wilhelm Nosters im sogenannten Kaisersaal und einer Büste Walter Schotts in der Haupthalle beinahe allgegenwärtig war, hatte es sich drei Tage zuvor nicht nehmen lassen, ‚sein' neues Hotel in Augenschein zu nehmen (Abb. 6).

Abb. 5: Blick vom Pariser Platz auf das Hotel Adlon, 1909. Mit seiner sachlich-reduzierten Tuffsteinfassade lehnte sich das Äußere des Gebäudes eng an den Reformstil der Berliner Vorkriegsmoderne an.

Zwei Gründe waren es vor allem, die Wilhelm II. bewogen, sich so vehement für den Hotelbau an der städtebaulich sensiblen Stelle einzusetzen. Zum einen lag der Abriß des Palais Redern und Bau des Hotels Adlon in einer Linie von Umgestaltungsmaßnahmen der Reichshauptstadt, in denen sich Wilhelm II. gleichsam als absolutistischer Bauherr zu profilieren suchte. Mit dem Abriß und Neubau des Domes (1894–1905), der Errichtung des Nationaldenkmals für Kaiser Wilhelm I. (1894–1897), dem Bau des Marstalles (1897–1901), der Staatsbibliothek (1903–1914) sowie des Kaiser-Friedrich-Museums (1898–1904) waren in den

Vorjahren Großprojekte verwirklicht worden, die den Schloßbezirk und den östlichen Teil der Linden als neues Machtzentrum des Deutschen Reiches ausweisen sollten.

Auch ihr westliches Ende wurde in diese Pläne miteinbezogen. Hier war es das Brandenburger Tor, dessen Einbindung in die Häuserfronten allen Großmachtgesten des Kaiserreiches zuwiderlief. Ende des Jahres 1905 wurde erstmals diskutiert, das ‚Haus Liebermann' sowie das ‚Haus Sommer' südlich und nördlich des Tores zugunsten einer monumentaleren Wirkung desselben abzureißen. Im Oktober 1906 folgte schließlich ein Architektur-Wettbewerb, der die Neugestaltung des westlichen Abschlusses des Pariser Platzes zum Inhalt hatte. Wenngleich die Freistellung des Tores in den Folgejahren nicht mehr verwirklicht wurde, so schuf doch der Abriß des wertvollen Schinkel-Gebäudes im Frühjahr 1906 einen Präzedenzfall, auf den man bei allen späteren Bauvorhaben verweisen konnte.

Zum anderen galt das kaiserliche Engagement von Anfang an einem Vorzeigeprojekt, mit dem die Internationalität und Weltoffenheit, aber auch der neue Weltmachtsanspruch unter Beweis gestellt werden sollte. Als Flaggschiff der Hotelflotte des Reiches sollte das Hotel Adlon Deutschlands Platz an der ‚Hotelsonne' sichern.

Das Bild eines Flaggschiffes ist dabei so abwegig nicht: Mit den Doppelschraubendampfern *Kronprinz Wilhelm*, *Bismarck*, *Vaterland* und *Imperator* verfügte das Deutsche Reich um 1900 über die größten und schnellsten ‚schwimmenden Hotels' der Welt, die selbst die englischen Luxusliner an Ingenieurkunst und luxuriöser Ausstattung in den Schatten stellten. Wie im Bereich des prestigeträchtigen Schiffbaues sollte mit dem Berliner Hotel Adlon nun auch auf dem Gebiet des Hotelwesens Hervorragendes geleistet werden.

Abb. 6: In den Innenräumen des ehemaligen Hotels Adlon war der Kaiser (fast) allgegenwärtig: Wilhelm Nosters Porträt Wilhelm II. schmückte bis ins Jahr 1919 die südliche Querwand des ‚Kaisersaals'.

Nicht nur die Lage der Nobelherberge an exponiertester Stelle, sondern auch seine exorbitanten Baukosten, die mit 42.500 RM pro Bett die Aufwendungen für das bis dato luxuriöseste Hotel Berlins, den Kaiserhof, um mehr als das Fünffache übertrafen, verdeutlichen das.

Selbst noch im Detail wird dies sichtbar, in der Namensgebung etwa, in der sich das Adlon bewußt in die erste Reihe der Luxushotels einordnete. Denn nur wenige Unternehmen trugen zu jener Zeit den Eigennamen ihres Besitzers. Weit häufiger dagegen entstammte ihr Name der höfischen Sphäre oder sollte neben der Weltläufigkeit auch die günstige Lage des Baues innerhalb der Stadt anzeigen. Die meisten Hotels hießen daher Imperial oder Excelsior, Atlantic, Esplanade oder Continental, Central oder eben Grand-Hotel mit der jeweiligen Ortsangabe versehen (Abb. 7). Wie das nahe des Adlon gelegene Hotel Bristol erinnerte ihr Name an die Frühzeiten des Tourismus, in denen der Kontinent von exzentrischen englischen Reisenden wie dem Earl of Bristol touristisch erschlossen wurde. Wie die Carlton- oder Savoy-Hotels verdankten sie märchenhaften Adelspalästen ihre Bezeichnung; die frühere Londoner Residenz des Prince of Wales aber auch der vielgepriesene Palast des Grafen von Savoy und Richmond seien an dieser Stelle genannt.

Die Luxusherbergen, die der Namenszug ihres Besitzer gemeinsam mit einem schlichten ‚Hotel' zierte, ließen sich hingegen auch damals schon an einer Hand abzählen: Seit dem Jahre 1876 existierte in Wien das Hotel Sacher, das unter der Regie Anna Sachers zum ‚Hotel Habsburg' aufsteigen sollte. Auf dem heutigen Grundstück des New Yorker Empire State Building eröffnete William Waldorf Astor 1893 sein Waldorf-Hotel, das nach der Erweiterung im Jahre 1897 zum Waldorf-Astoria-Hotel wurde. Nur we-

Abb. 7: Berühmt wegen des ‚Wintergarten-Varieté': Werbepostkarte des 1878-1880 errichteten Hotel Central gegenüber dem Bahnhof Friedrichstaße, um 1910.

nige Jahre später, 1898 an der Pariser Place Vendôme und 1906 an der Londoner Piccadilly Road, hieß César Ritz die Gäste in seinen Luxusherbergen willkommen. Kein geringerer als der englische König Edward VII. war es, der Ritz mit dem Kompliment bedachte, er sei nicht nur der „Hotelier der Könige", sondern ebenso der „König der Hoteliers".

Mit Lorenz Adlon besaß nun auch das Deutsche Reich – dank Wilhelm II. – einen ‚Hotelier des Kaisers', der mit seinem Hotel Unter den Linden 1 in Konkurrenz zu den Ritz-Hotels treten sollte.

Die neuen Könige im Reich des Luxus:
Lorenz Adlon und César Ritz

Die Lebenswege César Ritz' und Lorenz Adlons weisen nicht nur im Hinblick auf diese allerhöchste Protektion Gemeinsamkeiten auf. Beiden maîtres d'hotel war ihr Weg an die Spitze ihres Berufsstandes keinesfalls in die Wiege gelegt. Ritz wurde 1850 als dreizehnter Sohn eines Bauern im schweizerischen Niederwald geboren, Adlon dagegen erblickte ein Jahr zuvor als Sproß einer Mainzer Schusterfamilie das Licht der Welt. Sowohl des einen wie auch des anderen Karrieresprungbrett bildete die Luxusgastronomie. Über die verwöhnten Gaumen der Hocharistokratie, der Finanzjongleure und Industriekapitäne eroberten sich beide ihre Ausnahmestellung in der ‚besseren Gesellschaft' und bald auch im Hotelmetier. Ritz verhalf dabei seine langjährige Zusammenarbeit mit dem berühmten Koch Auguste Escoffier zum Durchbruch in der mondänen Lebewelt, deren Vorlieben er als siebzehnjähriger Kellner des Pariser Nobelrestaurant Voisin erstmals ergründet hatte.

Der einstige Tischlergeselle Adlon hingegen befand sich bereits in seinem sechsunddreißigsten Lebensjahr, als er mit der ‚upper-class' in engere Tuchfühlung kam: Um das Jahr 1885 erwarb er das Berliner Feinschmeckerrestaurant Carl Hillers, was vor allem seinem Renommee zugute kam. Mit diesem gastronomischen ‚Aushängeschild' empfahl sich Adlon für höhere Aufgaben in der neuen Reichshauptstadt; tatsächlich expandierte das Unternehmen während der nächsten Jahre beträchtlich. Am 1. Januar 1898 pachtete Lorenz Adlon gemeinsam mit seinem früheren Restaurantkonkurrenten Rudolf Dressel die lukrativen

Abb. 8: Photographie des Hotelgründers Lorenz Adlon, um 1911.

Zooterrassen im Westteil der Stadt. Noch im gleichen Jahr erwarben beide das Hotel Continental, dessen Direktion fortan Adlons Sohn Louis übernahm. Die Finanzmittel für diese Unternehmungen lieferte jedoch weder das Nobelrestaurant nahe der Friedrichstraße noch der Weinhandel Adlons, der in den folgenden Jahrzehnten legendären Ruf erwarb, sondern vielmehr eine Großveranstaltung, die 1896 für Furore gesorgt hatte.

Schon vor dem Kauf des Restaurants Hillers hatte Adlon die Bewirtschaftung von Turner- und Schützenfesten sowie von Industrieausstellungen als einträgliche Erwerbsquelle zu nutzen gewußt. 1896 bot sich ihm die einmalige Chance, gemeinsam mit Rudolf Dressel und Therese Bauer das Hauptrestaurant am Neuen See auf der Berliner Gewerbeausstellung in Treptow zu pachten. Hier nun wurde Adlon dem Kaiser erstmals offiziell vorgestellt. Die Kulisse dafür hätte nicht passender gewählt sein können: Auf dieser verkappten Weltausstellung präsentierte sich die aufstrebende Industriemetropole stolz der Welt, die ihrerseits – in den Nachbauten der Cheops-Pyramide, eines Araberdorfs, aber auch eines 88 m langen Passagierdampfers – auf einer Fläche von 917.000 m^2 zu bewundern war.

Damit schließt sich der Kreis, denn wenn die Industrieschau eines verdeutlichte, dann dieses: daß auch für Berlin eine neue Epoche der Globalisierung, ein „Zeitalter des Weltverkehrs und der Hochöfen", wie es Friedrich Naumann 1909 nannte, angebrochen war.

Der Ehrgeiz Wilhelms II., seinen englischen Konkurrenten Edward VII. mit dem Prestigebau am Pariser Platz zu übertrumpfen, hatte Lorenz Adlon den Weg zu seinem Hotel geebnet. Die wichtigste Voraussetzung für einen solchen Hotelbau lag jedoch in einer mit diesem neuen Zeitalter einhergehenden ‚Reiserevolution': Im Jahrzehnt vor Ausbruch des Ersten Weltkrieges verzeichneten überall in Europa die Großstädte und Seebäder, Wintersport- und Kurorte einen schnell wachsenden Fremdenverkehr, der einen ungeahnten Hotelboom zur Folge hatte. Weitaus die meisten europäischen Palasthotels, darunter so bekannte Häuser wie das Grand-Hotel in St. Moritz, das Hotel Atlantic in Hamburg oder das Grand Hotel Dolder in Zürich, entstanden zu dieser Zeit. An dieser allgemeinen Entwicklung hatte Berlin überdurchschnittlichen Anteil: Im Zeitraum zwischen 1896 und 1911 verdoppelte sich die Anzahl der Besucher auf annähernd 1,4 Mio. im Jahr. Jeder fünfte Gast kam 1911 aus dem Ausland, darunter fast 100.000 Russen, 40.000 Österreicher und 30.000 Amerikaner.

Erst durch diese Entwicklung schien das Wagnis eines 17 Millionen RM teuren Hotelneubaus gerechtfertigt, und nur so rechnete sich das riskante Finanzunternehmen auf lange Sicht. In Berlin gab dabei der Bau des Hotels gleichsam das Startsignal zur Errichtung einer zweiten Generation von Großstadthotels, die jetzt neben die Gründerzeitbauten traten. Mit dem Hotel Fürstenhof (1906–07), dem Excelsior (1906–08), dem Esplanade (1907–08) und Hotel Eden (1911–12) sowie dem heute noch als Wohnhaus existierenden Boarding-Palast (1911–12) am Kurfürstendamm 193/194 konkurrierten binnen kürzester Zeit nicht weniger als fünf neu erbaute Hotelpaläste mit dem Nobelhotel am Pariser Platz.

Die Wohnung in einen Automaten verwandelt – Zur Architektur des alten Hotels Adlon

Die meisten dieser Berliner Großstadthotels wurden von Architekten errichtet, die sich auf den Hotelbau spezialisiert hatten. Das lag vor allem daran, daß der Entwurf und Bau dieser modernen Wohnmaschinen, die ihre avancierte Technik hinter historisierenden Formen verbargen, eine der heikelsten Bauaufgaben war, die es seinerzeit auf dem Gebiet der Architektur gab. Nicht nur die Fassade und die Ausstattung mußten den anvisierten Geschmack der Kunden treffen. Auch die neuesten wohntechnischen Errungenschaften waren in die Planungen miteinzubeziehen und die unterschiedlichsten Raumtypen sinnvoll aneinanderzufügen: von den Repräsentations- und Gesellschaftsräumen bis hin zu den Suiten und Gästezimmern, von den Versorgungs- und Wirtschaftstrakten bis hin zu den Unterkünften der Bediensteten und des Personals. Gliedert sich doch – damals wie heute – jedes Hotel in einen Gäste- sowie in einen Personal-, bzw. Betriebsbereich, die lediglich durch eine dünne, kunstvoll kaschierte Membran voneinander getrennt sind.

Aufgrund dieser überaus komplexen Bauaufgabe waren es zumeist Spezialisten, die nicht selten in Gemeinschaft an der Ausführung der Nobelherbergen arbeiteten. In der Schweiz, die sich seit Mitte des 19. Jahrhunderts zum Hotelland schlechthin entwickelt hatte, waren es u.a. Karl Koller, Eugène Jost und Horace Edouard Davinet, die mit ihren Luxushotels in St. Moritz oder Montreux, Sils Maria oder Caux Maßstäbe setzten. Charles Mewès wurde von César Ritz zum Architekten seiner Hotelpaläste in Paris, London und Madrid bestimmt. In Berlin waren es schließlich Hermann von der Hude & Julius Hennicke sowie Otto Rehnig, die sich hervorgetan hatten. Weitaus die meisten Berliner Hotelbauten gingen jedoch auf die Entwürfe des königlichen Baurats Carl Gause (1851–1907) sowie des Regierungs-Baumeisters Robert Leibnitz (1863–1921) zurück. Einzeln oder im Architektenteam standen beide bis 1921 nicht weniger als acht Neu- und Umbauten von Luxushotels Pate. Zu ihnen ist neben dem Hotel Savoy, dem Hotel Bristol und dem Boardingpalast auch das Hotel Adlon zu zählen. Weniger die künstlerische Handschrift der Architekten, die ebenso für Berliner Kirchen, Sanatorien und Geschäftsbauten verantwortlich zeichneten, sondern vielmehr ihre reichen Erfahrungen im Hotelbau und ihre erfolgreiche Lösung schwieriger Bauaufgaben, waren für diese Wahl ausschlaggebend gewesen.

Die Probleme, die der Hotelbau aufwarf, waren dabei gravierend genug: Anders als heute nahm das Gebäude des damaligen Hotels Adlon nicht die gesamte Straßenfront zwischen dem Pariser Platz und der Wilhelmstraße ein. Das kam daher, daß die Hotelkonkurrenz mit ihrem Ankauf des benachbarten Eckgrundstückes Unter den Linden 2 Lorenz Adlon zuvorgekommen war. Nur etwa ein Viertel des Hotels trat in den 31, bzw. 38 m breiten, repräsentativen Fassaden zum Pariser Platz und zur Straße Unter den Linden nach außen in Erscheinung. Die Hauptmasse des Adlon dagegen erstreckte sich auf einem Grundstücksstreifen von 132 m Tiefe, parallel zur Wilhelmstraße in südliche Richtung. Zu diesem, von der Britischen Botschaft und anderen Gebäuden verdeckten Hauptbau kam durch den Ankauf des Hotels Reichshof in der Wilhelmstraße 70a ein kleinerer Seitenflügel hinzu, der vor allem aufgrund seiner Funktion als Versorgungsachse Bedeutung erlangte (Abb. 9).

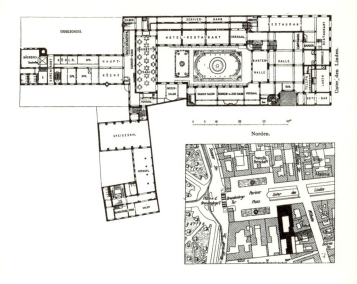

Abb. 9: Erdgeschoßgrundriß und Lageplan des Hotels Adlon, 1907. Eine ähnliche Anordnung der Innenräume hatte der Architekt Carl Gause schon bei seinem Hotel Bristol erprobt.

Seit der Berliner Bauordnung von 1887 durften Küchen- und Wirtschaftsräume nicht mehr im Kellergeschoß von Hotelbauten angelegt werden. Das hatte zur Folge, daß ein fast 70 m langer Serviergang den rückwärtigen Küchentrakt des Adlon mit den Restaurants im westlichen Seitenflügel verband, die nicht nur Hotelgästen, sondern auch dem allgemeinen Publikumsverkehr geöffnet waren. Der sogenannte Goethe-Garten, ein zentraler Innenhof in den Formen der Nürnberger Renaissance, sorgte für die Belichtung der Gästezimmer im Gebäudeinnern (Abb. 10). Lediglich die teuersten Appartements wiesen Fenster zum Pariser Platz sowie zur Straße Unter den Linden auf. Um diesen Innenhof gruppierten sich im Erdgeschoß ein großer Bankettsaal, das Hotelrestaurant, mehrere Gesellschaftsräume sowie eine Gartenhalle, die in eine dreischiffige, repräsentative Halle überging. Eine ähnliche Raumordnung hatte Carl Gause schon bei seinem Hotel Bristol erprobt. Auch hier zwang der ungünstige Grundstücksschnitt, die wichtigsten Räume hintereinanderzustaffeln. Hier wie dort wurde darüber hinaus das Gepäck zur Vermeidung von Störungen im Vordertrakt in Empfang genommen, um durch Lastenaufzüge erst in den Keller und schließlich in die Gästezimmer zu gelangen.

Wie beim heutigen Adlon, so war auch beim Vorgängergebäude die bei Hotelbauten übliche vertikale Nutzungsverteilung vorherrschend: Über den Maschinen- und Vorratshallen des Kellergeschosses, in denen u.a. über eine viertel Million Weinflaschen gelagert wurden, lag der Wirtschaftsflügel sowie die zwölf Gesellschaftsräume des Hotels. Die darauffolgenden vier, in ihrem Grundriß annähernd identischen Etagen wiesen jeweils ca. 80 Zimmer mit insgesamt 100 Betten auf, so daß insgesamt 325 Zimmer mit 400 Betten zur Verfügung standen. Unter dem mächti-

Abb. 10: Goethe-Garten des ehemaligen Hotel-Adlon, um 1911. Anstelle dieses Innenhofs befindet sich heute ein großer Bankettsaal im Zentrum des neuen Hauses.

gen kupfernen Walmdach war die hoteleigene Wäscherei untergebracht.

Selbstverständlich wurden für die Luxusinterieurs und Gasträume des Adlon – wie bei dergleichen Prestigebauten obligatorisch – nur die edelsten Materialien verwendet. Vom Kuba-Mahagoni der Aufenthaltsräume bis zu den Perserteppichen auf dem Boden der Halle, von den erlesensten Marmor-Sorten der Badezimmer bis zum ostindischen Vicadoholz der American Bar wurden hier von namhaften Möbelfirmen wie Anton Bembé oder Kimbel & Friedrichsen sämtliche kostbar-exotischen Stoffe verarbeitet, die das ‚Zeitalter des Weltverkehrs' – und des Kolonialismus – erschloß bzw. erbeutete (Abb. 11). Für die Skulpturen und Bronzekapitelle, Brunnenfiguren, Gemälde und illusionistischen Wandmalereien à la Tiepolo, zeichneten fast ein Dutzend Maler und Bildhauer verantwortlich. Waldemar Friedrich, dessen programmatisches Deckenfresko ‚Berolina empfängt die Gäste der Welt' den Bankettsaal schmückte, Walter Schott, Johann Bossard oder Franz Stassen seien hier stellvertretend genannt.

Sieht man einmal von der besonders gediegenen Ausführung der Luxusinterieurs ab, dann lag der Unterschied zwischen dem Adlon und den Berliner Palasthotels der vorangegangenen Jahrzehnte jedoch weder in dem Material noch in dem Stilvokabular der Innenräume begründet, das lediglich steigerte, was man andernorts bescheidener ausgeführt fand: Ein Kompositum unterschiedlichster historischer Anleihen, das vom Regénce-Stil des Lese- und Schreibsalons bis zum Directoire-Stil des ‚Kaisersaals', vom Louis-seize-Stil des Damensalons bis hin zum Frühklassizismus des Straßen-Restaurants sämtliche ‚aristokratischen' Stilformen vergangener Zeiten herbeibemühte.

Abb. 11: Der ‚Beethoven-Saal' des Innenarchitekten Anton Pössenbacher war einer von zwölf Gesellschaftsräumen im Erdgeschoß des Adlon: Nur die erlesensten Materialien kamen für den Innenausbau des Hotels zum Einsatz.

Das Besondere des Hotels Adlon lag ferner auch nicht in seiner Größe, welche die üblichen Maße eines Palasthotels nur um weniges überschritt, geschweige denn in der Qualität der zur Ausschmückung der Innenräume herangezogenen Künstler. „Das mag sein was es will", hatte sich 1912 Max Liebermann über die pathetisch-gefühlige Ausstattung des Hotels mokiert, „aber Berliner Kunst ist es nicht."

Das Besondere des Adlon war vielmehr, daß hier zu Beginn des 20. Jahrhunderts die Summe aller wohntechnischen Verbesserungen gezogen wurde, die im Verlaufe des 19. Jahrhunderts auf dem Hotelsektor eingeführt worden waren. Mit seiner modernen Ausstattung war das Hotel Adlon – trotz seiner Lage im ‚alten Europa' – ein amerikanisches Hotel, denn auf dem Gebiet der Wohn- und Sanitärtechnik orientierte es sich an Standards, die zu dieser Zeit in Übersee gesetzt wurden. Nicht zuletzt auch hierin machte sich das neue ‚Zeitalter des Weltverkehrs' bemerkbar.

Zu dieser technischen Ausstattung gehörte der hoteleigene, 1.1 Mio. RM teure Tiefbrunnen ebenso wie die fünf Aufzüge, die das Haus erschlossen, die eigens aus Amerika importierte Vakuumstaubsaugeranlage ebenso wie die elektrischen Lichtsignalvorrichtungen, mittels derer man die Pagen und Zimmermädchen rief. Vor allem jedoch stellten die 140 Privatbäder des Hotels mit fließend Warmwasser, Badewanne, Waschtisch, Bidet und beheizbaren Handtuchhaltern ein Maximum an Wohnkomfort dar (Abb. 12). Zieht man das eine Bad des Hotel Kaiserhofs pro Stockwerk oder die zwölf Etagenbäder auf je 62 Zimmer des Hotel Bristol als Vergleichsgröße heran, dann mußte das Adlon damals geradezu als „Verwirklichung einer sanitären Utopie" (B.-M. Baumunk) erscheinen.

Will man nun die Faszination verstehen, die dieses Hotel auf die Zeitgenossen ausübte, dann reicht es nicht aus, auf seine Lage, die Pracht seiner Innenräume oder die Prominenz seiner Gäste und Förderer zu verweisen. Als zukunftsweisende Wohnmaschine bot das Adlon vielmehr bis weit in die dreißiger Jahre bestes Anschauungsmaterial über die neuesten wohntechnischen Errungenschaften, die in Europa – sieht man einmal von den Ritz-Bauten ab –, zu

Abb. 12: Maximum an Wohnkomfort: Luxuriöses Badezimmer im Adlon mit beheizbarem Handtuchhalter.

dieser Zeit ihresgleichen suchten. „Das ist für unsereins … der Zauber des Hotels", schrieb noch 1933 der Adlon-Dauermieter Anton Kuh in seinem *Tagebuch eines Hotelgastes*: „Die Wohnung ist in einen Automaten verwandelt."

Öffentlichkeitswirksam trat diese Modernität des Adlon auch in der zurückhaltend-sachlichen Fassade aus graubraunem, rheinischen Tuffstein in Erscheinung. Es ist dabei jedoch die Frage, ob dieser Reformstil auch dem Willen der Architekten entsprach. Denn zahlreiche Fassadenelemente, die strenge Symmetrie der Fensterachsen etwa oder die Betonung des Eingangsportals, lassen sich als bewußte Reminiszenzen an den Schinkelschen Vorgängerbau verstehen, andere wiederum reihten das Adlon in die internationale Hotelbautradition ein. Vom Pariser Grand-Hôtel du Louvre wurden neben der dreizonigen Fassadengliederung auch die hohen Rundbögen des Sockelgeschosses übernommen, die zudem bei dem Londoner Konkurrenzbau, dem Ritz-Hotel, zu beobachten sind. Wie sehr jedoch das Endresultat dem damaligen Stil der Berliner Vorkriegsmoderne entsprach, das mag ein Vergleich mit den Waren- und Bürohausbauten eines Alfred Messel oder Bruno Paul erweisen: Hier wie dort wurde zugunsten einer monumental-flächenhaften Wirkung auf Bauschmuck fast gänzlich verzichtet, verliehen mächtige Walmdächer sowie schlanke Lisenen und Pfeiler den Bauten ihre eigentümliche Prägung.

III. Der Mythos

„Der Kaiser zahlte...": Das Adlon als ‚Hof-Hotel' und ‚inoffizielles Regierungs-Gästehaus'

Nach dem Willen Kaiser Wilhelms II. war das Adlon dazu bestimmt, das inoffizielle Gästehaus des Monarchen sowie der Reichsregierung zu werden. Auch hieraus erklärt sich der Prestigecharakter dieses Baus. Bei Staatsbesuchen und Visiten, offiziellen Feierlichkeiten und Regierungsjubiläen wurden dabei nicht selten gleich ganze Hoteletagen belegt. „Der Kaiser", berichtete Hedda Adlon 1955 in ihrer nicht immer zuverlässigen Chronik des Hauses, „zahlte jährlich ... die runde Summe von 150.000 Mark als Garantie für die Rechnungen seiner persönlichen Gäste. Dafür hatte das Adlon jederzeit Zimmer bereitzustellen für Mitglieder der Hocharistokratie, die bei Hof eingeladen waren, aber nicht im Schloß untergebracht werden konnten."

Die Nutzung des Hauses durch Wilhelm II. beschränkte sich nicht allein darauf. Auch offizielle Empfänge und Festbankette, Luxus-Diners und Gala-Abende wurden in den Festsälen des Hotels gegeben, im Februar 1909 beispielsweise, während eines Staatsbesuches des englischen Königs Edward VII., dessen Begleitestab fast zwangsläufig hier logierte: War doch die benachbarte Britische Botschaft durch eine geheime Verbindungstür mit dem Hotelgebäude verbunden.

Ihren letzten Höhepunkt erreichte die prunkvolle Selbstdarstellung der Hohenzollern, anläßlich der Vermählung der Kaisertochter Viktoria Luise mit dem Welfenprinzen Ernst August von Cumberland. Sämtliche gekrönte Häupter Europas gaben sich Ende Mai 1913 in Berlin ein

Stelldichein, wobei ein Großteil der Festgäste im Adlon einquartiert wurde. Protokoll-, Etikette-, aber auch Sicherheitsfragen erhielten bei solchen Besuchen jeweils höchste Priorität. Unmittelbar vor einer halbstündigen Adlon-Visite Zar Nikolaus' II. am 23. Mai 1913 soll in einem der Aufzugschächte des Hotels sogar eine Bombe gefunden worden sein...

Von dem Glanz des Kaiserhofes und der Hocharistokratie, die bevorzugt im Adlon verkehrte, zehrte der Nimbus des Hauses. Wer etwas auf sich hielt, wohnte mit Kronprinzen und Maharadschas, Erzherzögen und russischen Großfürsten unter einem Dach: Der Star-Tenor Enrico Caruso, die Flugpioniere Louis Blériot und Santos-Dumont, der Industriemagnat Andrew Carnegie, aber auch der Erfinder Thomas Alva Edison haben es so gehalten.

Die typische Adlon-Mischung zwischen dem Operettenglanz der Monarchie und dem amerikanischen Komfort des Hauses übte vor allem auf Gäste aus Übersee große Anziehungskraft aus. Schon früh galt das Adlon deshalb als das Hotel der Amerikaner in Berlin, den Ruf, den während der zwanziger und frühen dreißiger Jahre die Hollywoodgrößen Charlie Chaplin und Harold Lloyd, Douglas Fairbanks und Mary Pickford durch ihre Aufenthalte untermauerten. Die Nachbarschaft zur Akademie der Künste, die im Jahre 1907 ihr Domizil im ehemaligen Arnimschen Palais bezog, bewirkte, daß sich der Gästekreis von Anbeginn an nicht nur auf die Hocharistokratie und die Industriemagnaten, den Geldadel und die Diplomaten der nahegelegenen Botschaften beschränkte. Auch Künstler und Schriftsteller, Schauspieler und Verleger fanden sich bald in den Hotelräumen ein. So feierte

Abb. 13: Ein Zehntel der Gäste, darunter der Star-tenor Richard Tauber oder der Literat Anton Kuh, wohnten als Dauermieter im Hotel Adlon. Andere Stammkunden hingegen, wie hier Thomas Mann auf seiner Stockholmreise 1929, bezogen meist nur für kurze Zeit im Haus Unter den Linden 1 Quartier.

Gerhart Hauptmann am 15. November 1912 mit einem Festbankett im Adlon seinen 50. Geburtstag, zu dem u.a. Lovis Corinth, Walther Rathenau und Max Liebermann geladen hatten. Nur einen Monat nach diesem Ereignis wurde dem Dichter – als Höhepunkt des ‚Hauptmann-Jahres' – der Literaturnobelpreis verliehen. Mit seiner Adlonvisite begründete Gerhart Hauptmann dabei fast so etwas wie eine Tradition: Auch Thomas Mann und Sinclair Lewis machten bei ihrer Anreise nach Stockholm 1929 und 1930 im Hotel am Pariser Platz Station (Abb. 13).

Der ungeheure Aufschwung im Hotelsektor zu Beginn des Jahrhunderts kam mit Ausbruch des Ersten Weltkrieges zum erliegen. Es folgte eine tiefe Rezession, die sich überall in Europa bemerkbar machte. Aktiengesellschaften, die wegen der gewaltigen Kapitalsummen, die ein Hotelbau verschlang, zumeist die Betreiber der Palasthotels stellten, gingen reihenweise in Konkurs, Pläne zu prächtigen Hotelanlagen wurden über Nacht zu Makulatur, in der Schweiz wurde 1915 vom Bundesrat sogar eine Verordnung erlassen, die den Bau neuer Hotelpaläste verbot. Es versteht sich dabei wie von selbst, daß diese Entwicklung an Berlin nicht spurlos vorüberging: Die meisten Hotels verzeichneten ernüchternde Übernachtungszahlen, das größte wilhelminische Grand-Hotel Berlins, der Boardingpalast, wurde nach Ausbruch des Ersten Weltkriegs sogar in ein Bürogebäude umgewandelt, in das u.a. das Waffen- und Munitionsbeschaffungsamt des Heeres einzog.

Das Adlon jedoch blieb während der Kriegs- und Revolutionszeiten von solchen Umnutzungen unberührt. Zwar machte sich auch hier das Ausbleiben zahlungskräftiger Gäste – vor allem der russischen Hocharistokratie – bemerkbar. Die Nähe zu den Reichsministerien und kriegswichtigen Ämtern sorgte jedoch für eine gewisse Kompensation. Schwerindustrielle, die dank des Krieges unermeßliche Gewinne erzielten, dominierten jetzt ebenso das Bild, wie Politiker und ranghohe Militärs, die im Adlon Unterkunft – und später auch Unterschlupf – fanden. So stieg im Frühjahr 1919 ein gewisser Karl Neumann in dem an der Wilhelmstraße gelegenen stillen Hotelflügel ab, der niemand anderes war als der damals flüchtige, ehemalige Generalquartiermeister Erich Ludendorff. Folgt man Peter Auers Darstellung der Geschichte des Hauses, dann wurde im Adlon während dieser Tage durch Ludendorff sogar das Schlagwort des ‚Dolchstoßes' gegen das ‚im Felde unbesiegte Heer' geprägt, das in den folgenden Jahrzehnten fatale Wirkung zeitigen sollte.

Seine zentrale Lage am Brandenburger Tor, die Nähe zum Reichstag sowie zum Regierungs- und Zeitungsviertel brachten es mit sich, daß auch das Hotel Adlon während der Novemberrevolution und der Spartakuskämpfe zum Schauplatz der Auseinandersetzungen wurde. So begrüßten Friedrich Ebert und Philipp Scheidemann Dezember 1918 im bzw. vor dem Adlon die zurückkehrenden Fronttruppen, aber auch die Generäle der republikfeindlichen Militärs, die binnen der nächsten Monate die Revolution niederschlagen sollten.

Von der traurigen Berühmtheit, die ein anderes Berliner Hotel während dieser Zeit erlangte, blieb das Adlon allerdings nur durch Glück verschont. Wie im Hotel Eden, so hatten sich auch hier – als Schutztruppe des Hauses – während der Novembertage Freikorpssoldaten einquartiert, freilich mit längst nicht so blutigen Konsequenzen wie dort: Wurden doch am 15. Januar 1919 Rosa Luxemburg und Karl Liebknecht von der Wilmersdorfer Bürgerwehr ins Hotel Eden verschleppt, unmittelbar vor ihrer Ermordung durch Angehörige einer Freikorpsdivision, die während des Spartakusaufstandes in diesem Hotel ihr Hauptquartier bezogen hatte.

Mehr noch als diese Ereignisse veranschaulichen jedoch die zahlreichen Friedenskonferenzen, wie überaus eng die damalige Hotelhistorie mit der Zeitgeschichte verflochten ist. Auf dem neutralen Boden des Londoner Ritz-Hotels (1924), des Genfer Hotels Beau Rivage (1926) oder des Pariser Hotels Georg V. (1929) wurde nach Wegen der Völkerverständigung gesucht, der ‚Roi des Indiscrets', der Photograph Erich Salomon, hat die Hoteldiplomatie eines Stresemann, Briand oder Chamberlain in seinen eindringlichen Aufnahmen festgehalten. Auch in den Berliner Nobelherbergen fanden sich Diplomaten, Politiker und Militärs zu Unterhandlungen ein: 1919 nahm etwa eine französische Delegation General Nollets im Hotel Adlon Quartier, fünf Jahre später tagte die Dawes-Komission im Hotel Esplanade, und mit dem Hotel Adlon war Berlin 1931 zum Empfang der französischen Staatsgäste Briand und Laval, wie es in den Zeitungen hieß, ‚gerüstet' (Abb. 14).

Durchgangsort für Passanten und Schicksale

Während der Weimarer Republik wurden die Berliner Nobelhotels jedoch nicht nur in diesem Sinne zu Zentren der politischen Auseinandersetzung. Denn ungeachtet des sozialen Elends herrschte in diesen künstlichen Paradiesen provokanter Überfluß, schwelgte man während der Inflationszeit und der Weltwirtschaftskrise demonstrativ in üppigem Luxus, sollte der Hotelgast, wie es 1932 im Reglement für Adlon-Pagen (der spätere Entertainer Peter Frankenfeld war einer von ihnen) hieß, „der Mühe, sich sein Rauchmaterial selber in Brand zu setzen, nach Tunlichkeit überhoben werden."

Epochemachende Stummfilme wie Friedrich Wilhelm Murnaus *Der letzte Mann* (1924) bannten die Ängste der Inflationszeit anhand der Schilderung der Nöte des Hotelpersonals auf Zelluloid, das seine Lage durch Arbeitsniederlegungen zu verbessern suchte. Eindeutiger noch als im

Abb. 14: Während der Weimarer Republik wurde auf dem neutralen Boden der Grand-Hotels nach Wegen der Völkerverständigung gesucht: Ankunft des französischen Ministerpräsidenten Aristide Briand und des Außenministers Pierre Laval im Hotel Adlon am 26. September 1931.

Film entwarfen Schriftsteller wie Paul Zech, Ernst Toller oder Maria Leitner in Gedichten wie *Fünf-Uhr Tee im Adlon* (1932), Theaterstücken wie *Hoppla! Wir leben* (1929) oder Reportage-Romanen wie *Hotel Amerika* (1930) das Bild eines „Grand-Hotel Abgrunds", in dem die ‚upper-class' mondäne Maskenbälle und kurzweilige Cocktailkonkurrenzen zelebrierte, während nur wenige Schritte entfernt Hunger und Arbeitslosigkeit dominierten. Das „Grand Hotel

Abgrund" (Georg Lukács) wurde ihnen zum Symbol der bestehenden, unmenschlichen Verhältnisse, in denen die oberen Zehntausend auf dem Rücken des kümmerlich entlohnten ‚Restes' ihr sorgenfreies Dasein führten.

Daß jedoch auch Revolutionäre sich dem komfortablen Leben in den Luxushotels nicht verschlossen, dafür mag der Sonderbeauftragte Lenins, Karl Radek, stehen. Kaviaressend hat ihn der Regisseur Géza von Czriffra Mitte der zwanziger Jahre in seiner Adlon-Suite nahe der russischen Botschaft angetroffen. Die Gästelisten wurden jedoch nicht nur um diese neue Klientel bereichert. Hoteldiebe und Halbweltsdamen, Eintänzer, aber auch Hochstapler wußten jetzt aus dem feudalen Hotelflair ihr Kapital zu schlagen, in Realität ebenso wie in den zahllosen Romanen, die das Leben in den Grand-Hotels begleiteten.

Einer von ihnen erlangte schließlich 1929 Weltruhm, der sich so auch hätte im Adlon ereignen können: Vicki Baums Weltbestseller *Menschen im Hotel*. Wurde doch die effektvolle Handlung des Kolportageromans, von den Raubzügen des Hoteldiebes Baron von Gaigern bis hin zum Lebensüberdruß der Tänzerin Grusinskaja, nur noch von den realen Geschehnissen übertroffen, die sich in den Berliner Nobelherbergen zutrugen: Zwischen 1919 und 1926 hielten die spektakulären Adlon- und Kaiserhof-Einbrüche des Fassadenkletterers Wilhelm Kaßner nicht nur die Berliner Kriminalpolizei in Atem, 1930 beging die ‚femme fatale' der Berliner Theaterwelt, die russische Schauspielerin Maria Orska, in ihrem Adlon-Zimmer Selbstmord.

Der Welterfolg des Buches, das den ‚Mythos vom Grand-Hotel' begründete und schon bald verfilmt wurde (Abb. 15), beruhte jedoch nur zum Teil auf der geschickten Präsentation solcher und ähnlicher Begebnisse. Mehr noch verdankte er sich der pointierten Darstellung des anonym-entwurzelten Lebens in den Nobelhotels, die jetzt zu wichtigen Selbstvergewisserungsorten für ganz alltägliche Erfahrungen wurden: So ließ sich die Flüchtigkeit der Beziehungen im modernen Zeitalter anhand der Beschreibung dieser „Durchgangsorte für Passanten und Schicksale" (Anton Kuh) in überzeugenden Bildern zusammenfassen, wurde anhand ihrer Schilderung über die Einsamkeit, Heimatlosigkeit und Anonymität des Lebens in den großen Metropolen Klage geführt.

**Schauplatz eines Kolportageromans –
Das Hotel Adlon im Dritten Reich**

Ihre Insider-Kenntnisse des Hotelmilieus hatte sich Vicki Baum als Zimmermädchen des Hotels Eden erworben, das während der zwanziger Jahre in außergewöhnlichem Rufe stand: Dank Gästen wie Heinrich Mann, Erich Maria Remarque oder Marlene Dietrich galt dieses Quartier als ‚republikanisches Hotel' – im Gegensatz zu den meisten übrigen Berliner Nobelherbergen, in denen auch weiterhin dem vergangenen Kaiserreich die Treue gehalten wurde.

Die restaurative Haltung der Berliner Hoteliers führte 1927 sogar zu einem handfesten Skandal, als sich zahlreiche Hotelunternehmen weigerten, anläßlich eines Besuches des New Yorker Oberbürgermeisters die schwarz-rot-goldene Flagge der Republik auf den Dächern ihrer Gebäude zu hissen. Beim Hotel Adlon war eine solche politische

Demonstration besonders delikat, da es zum einen durch Gäste wie Yehudi Menuhin, Albert Einstein, Richard Strauss, Arturo Toscanini, Emil Jannings, Roald Amundsen, Henry Ford oder John D. Rockefeller natürlich ganz besonders im Focus der internationalen Aufmerksamkeit stand, es zum anderen jedoch auch – wie bei der Berliner Olympiabewerbung, die man Ende Mai 1930 in den Adlon-Räumen den IOC-Vertretern übergab –, nach wie vor zu repräsentativen Zwecken von der Reichsregierung genutzt wurde.

So rückwärtsgewandt die politische Einstellung Louis Adlons, der das Hotel nach dem Tode seines Vaters 1921 übernommen hatte, auch erscheinen mag; im Nachhinein betrachtet hatte diese konservativ-elitäre Haltung ihre Vorzüge. Denn anders als das Hotel Kaiserhof, das zwischen Februar 1931 und Januar 1933 zu Hitlers Hauptquartier avancierte, wurde das Hotel Adlon nie zu einem bevorzugten Domizil der emporgekommenen Nazi-Größen. Adolf Hitler soll dementsprechend das Hotel nur einmal Anfang Juli 1934 – zu einem kurzen Höflichkeitsbesuch beim König von Siam, Rama VII., – betreten haben, was ihn freilich nicht hinderte, das internationale Renommee des Hauses dennoch für seine Zwecke zu benutzen. So veranstaltete das Außenpolitische Amt im Reichshofflügel des Adlon Empfänge für die Auslandspresse, täuschten die fabelhaften Festlichkeiten zur Olympiade 1936 die prominenten Gäste über den NS-Terror im Lande hinweg.

Abb. 15: Österreichisches Plakat zu dem 1932 mit Greta Garbo und John Barrymoore verfilmten Kinoepos „Grand-Hotel" (dt. ‚Menschen im Hotel'). In dem Hollywood-Film sowie in dem gleichnamigen Weltbestseller Vicki Baums fand die Hotelmanie der Zwanziger Jahre ihren Höhepunkt.

Seine frühere Bedeutung als inoffizielles Gästehaus der Reichsregierung büßte das Adlon jedoch in zunehmendem Maße ein. Zwar logierten auch jetzt noch offizielle Staatsgäste in dem Hotel am Pariser Platz: In der Nacht vom 14. auf den 15. März 1939 wartete beispielsweise der tschechische Staatspräsident Hacha im Adlon viele Stunden auf seine Unterredung in der Reichskanzlei, in der ihm Hitler schließlich eröffnete, daß soeben deutsche Truppen in sein Land einmarschiert seien. Bei den Staatsbesuchen Mussolinis im September 1937 und Molotows im November 1940 wurde jedoch anstelle des Adlon das Reichspräsidentenpalais in der Wilhelmstraße, sowie das 1937 zum Gästehaus umgebaute Schloß Bellevue als neue Staatsquartiere genutzt.

Sieht man sich schließlich die megalomanen Planungen Albert Speers für die neue Reichshauptstadt ‚Germania' an, dann begreift man vollends, daß die alten Berliner Nobelherbergen in Hitlers Zukunftsplänen keine Rolle spielten. Sollten doch in der Nähe des Tiergartens und an der Nord-Süd-Achse zwei monumentale Hotelpaläste des Architekten Cäsar Pinnau entstehen, die als weltgrößte Hotels mit ihren 2.000 und mehr Betten alle übrigen Fremdenquartiere ‚Germanias' zur Bedeutungslosigkeit degradiert hätten (Abb. 16).

Mit Ausbruch des Zweiten Weltkriegs wurde der Sprachendienst des Auswärtigen Amtes in das von den Gästen verwaiste Hotel Adlon einquartiert. Über kurze Zeiträume schirmte man zwei Etagen hermetisch von der Außenwelt ab, in denen unter höchster Geheimhaltungsstufe ca. 150 Personen an der Übersetzung der Reden und Memoranden Hitlers arbeiteten. Bis auf diese Vorfälle zwischen Oktober 1939 und Mai 1940 blieb das Haus jedoch weitgehend vor weiteren Umnutzungen bewahrt. Dies ist keinesfalls selbst-

Abb. 16: In seinen Plänen für die zukünftige Reichshauptstadt maß Hitler den traditionellen Berliner Grand-Hotels keine Bedeutung mehr bei. Modell eines 2.000-Betten-Hotels an der Nord-Süd-Achse ‚Germanias' des Architekten Cäsar Pinnau, um 1940.

verständlich, wenn man sich vergegenwärtigt, was während des Zweiten Weltkriegs, der das vorläufige Ende einer großen Epoche der Grand-Hotels markierte, mit den nun häufig leerstehenden Hotelpalästen geschah.

Besonders gegen Kriegsende wurden Hotelbetriebe, wie das Pariser Ritz-Hotel, aber auch das Hotel Adlon im April 1945, zu Lazaretten umfunktioniert. Zuvor schon hatte die Wehrmacht zahlreiche Nobelherbergen für ihre Generalstäbe requiriert. Den perfidesten Zugriff übte die Geheime Staatspolizei und die SS auf die Luxushotels in den Metropolen aus, insofern sie bevorzugt in diesen Gebäuden ihre Hauptquartiere, Gefängnisse und Folterkeller einrichtete. Als Stätten unvorstellbaren Grauens haben so das Wiener Hotel Monopol, das Pariser Hôtel Lutétia oder das Hôtel Terminus Klaus Barbies in Lyon während der NS-Zeit trauriger Ruhm erlangt – insbesondere aber das Berliner Hotel Prinz-Albrecht – in dem seit 1934 die ‚Reichsführung-SS' Heinrich Himmlers untergebracht war.

War das Adlon im Vergleich zu den anderen Berliner Grand-Hotels kein bevorzugtes Quartier der NS-Größen gewesen, so änderte sich dies in den letzten Jahren des Zweiten Weltkriegs. Das Hotel wurde nun Refugium flüchtiger Kollaborateure aus aller Herren Länder, endsieggläubiger Parteiprominenz, vergnügungssüchtiger Fronturlauber und ausgebombter Berliner der besseren Kreise. „Die Adlon-Halle könnte Schauplatz eines Kolportageromans sein", vertraute die Berlinerin Ursula von Kardorff am 4. Dezember 1943 ihrem Tagebuch an, um im Anschluß daran all jene aufzuzählen, die sich dort eingefunden hatten: „Bonzen in klirrender Parteiuniform, Urlauber aller Dienstgrade, die noch eine Illusion von Komfort an die Front mitnehmen wollen, ausländische und deutsche Diplomaten, Schauspieler, Dahlemer Damen in Hosen, die sich vom Aufräumen in ihren zerstörten Villen erholen, Geschäftsleute, die die Aura ‚Rüstung' um sich verbreiten …, und schließlich Abenteuerinnen aller Grade, die sich der Männer annehmen."

Diese neue Popularität hatte eine einfache Ursache. Aufgrund eines nahegelegenen Tiefbunkers, zu dem ein separater Eingang direkt aus dem Adlon führte, galt das Hotel während der Fliegerangriffe als das sicherste öffentlichzugängliche Gebäude Berlins. Hitler hatte im September 1940 erstmals die Keller des Adlon verstärken lassen. Zwischen Herbst 1940 und Herbst 1943 wurde dann im Rahmen des sogenannten ‚Führer-Sofortprogramms' ein Luftschutzbunker mit 400 Personen Fassungsvermögen unter dem Pariser Platz angelegt, den nicht nur Adlongäste benutzten: So war die erste Bunkeretage jedermann zugänglich, hatte das Auswärtige Amt Ribbentrops in dem zweiten, tieferen Geschoß ein Behelfsbüro, während die restlichen Räume dieser Ebene den Hotelgästen und den Beamten der naheliegenden Ämter und Ministerien vorbehalten waren.

Daß diese Adlon-Räume als besonders sicher galten, kam nicht von ungefähr: Denn die Dienststellen unter deren Federführung das Bunkerprogramm verwirklicht wurde, des Rüstungsministers Fritz Todt also und seines Nachfolgers Albert Speer, waren in den Adlon-Nachbargebäuden untergebracht, so etwa in den ehemaligen Räumen der Akademie der Künste, die seit dem Februar 1937 die ‚Germania'-Planer Speers beherbergten.

Für die Gäste und das Personal des Hotels hätte es freilich eines solchen Schutzraumes nicht bedurft. Blieb doch das Adlon während der Bombennächte des 22.-24. November 1943, als die meisten Bauten des Pariser Platzes sowie des alten Westen Berlins in Trümmer sanken, auf wundersame Weise unbeschädigt. Lediglich bei einem Luftangriff am 31. Januar 1944 wurde das Dach des Hauses von einer Brandbombe getroffen, die jedoch nur geringe Schäden anrichtete. Das Aussehen des Adlons glich sich während dieser Kriegstage aber dennoch dem einer Festung an, da im Herbst 1944 das Sockelgeschoß des Gebäudes gegen Bombensplitter vermauert wurde.

Die Nähe zur Reichskanzlei hatten zur Folge, daß das Adlon nur wenige Stunden vor der Kapitulation am 2. Mai

1945 als eines der letzten Gebäude Berlins erobert wurde. Während sämtliche anderen Berliner Grand-Hotels in den letzten Kriegsjahren zerstört worden waren, hatte das Adlon die schweren Bombenangriffe und Gefechte des ‚Endkampfes' um Berlin wie durch ein Wunder überstanden.

Die Freude darüber währte freilich nicht lange. Unter bis heute nicht geklärten Umständen brach in der Nacht vom 5. auf den 6. Mai 1945 im Kellergeschoß des Hauses ein Feuer aus, dem schließlich fast das gesamte Anwesen zum Opfer fiel (Abb. 17). Wahrscheinlich entstand es durch die Unachtsamkeit russischer Soldaten, die in den Kellerräumen des Hotels damit beschäftigt waren, die riesigen Weinvorräte für die Kapitulationsfeiern der Alliierten nach Karlshorst abzutransportieren (vgl. Aver, 253 f.).

Louis Adlon, der bis Kriegsende gemeinsam mit seiner Frau Hedda das Hotel geleitet hatte, erlebte dessen Niedergang nicht mehr. Am 25. April 1945 wurde er auf seinem Landhaus von russischen Soldaten gefangen genommen. Nach seiner Freilassung aus dem Lager Sachsenhausen bei Oranienburg starb Louis Adlon am 7. Mai 1945 auf dem Weg zurück zu seinem Landsitz Neu-Fahrland.

Abb. 17: Blick auf den früheren Goethe-Garten und das zerstörte Hauptgebäude, 1946. Im Gegensatz zu den anderen Berliner Grand-Hotels hatte das Adlon den Zweiten Weltkrieg zwar unversehrt überstanden, wenige Tage nach Beendigung der Kampfhandlungen brannte das Hotel aber dennoch in der Nacht zum 6. Mai 1945 ab.

IV. Etappen der ‚Wiederauferstehung'

‚Hotel garni VEB Adlon'

Die wertvollen Möbel, die den Brand des Hauptgebäudes Anfang Mai 1945 überstanden hatten, wurden in den folgenden Wochen von ‚Trophäisten', wie man die selbst ausgebombten Plünderer damals nannte, auf Karren und Handwagen davongeschafft. Lediglich der Restaurantflügel des Hotels, der sich parallel zu den Häuserruinen der Wilhelmstraße nach Süden erstreckte, blieb unversehrt. In diesem Seitenflügel wurde ab Juli 1945 unter neuer Direktion das Hotel Adlon wiedereröffnet, mit bescheidenen 16 Zimmern, die trotz ihrer dürftigen Ausstattung sogar als komfortabel gelten durften. Wurden zu dieser Zeit doch nicht selten sogar in ehemaligen Luftschutzbunkern Hotelprovisorien eingerichtet.

Für kurze Zeit wurde jetzt das Adlon nochmals zu einem Treffpunkt prominenter Gäste. Vor allem sozialistische Künstler, Komponisten und Schriftsteller, die aus dem Exil nach Deutschland zurückkehrten, quartierten sich in der Nobelherberge im sowjetischen Sektor ein. So bewohnten Bertolt Brecht und Helene Weigel für ein halbes Jahr ein bescheidenes Zimmer im Adlon-Restgebäude, bevor sie im Frühjahr 1949 ein Haus in Weißensee zugewiesen bekamen. Auch Arnold Zweig, Anna Seghers, Hanns Eisler und Klaus Mann fanden hier vorübergehend eine Bleibe.

Darüber hinaus wurde das Hotel zu Versammlungen genutzt, denn der Restaurantraum war, als einer der wenigen Säle im Zentrum Berlins, unzerstört geblieben. Am

Abb. 18: Hinweistafel zum Eingang des volkseigenen Adlon-Betriebes an der Wilhelmstraße, um 1952. Erst im Jahre 1984 wurde dieser Seitenflügel des ehemaligen Hotels Adlon abgetragen.

22. November 1945 trafen sich hier 36 Schriftsteller, Film- und Theaterschaffende mit Mitgliedern der sowjetischen Militäradministration zu einer Aussprache über die Zukunft des deutschen Films, die als „Geburtsstunde" der DEFA angesehen werden kann (vgl. L. Demps).

Am 2. Dezember 1949 wurde das Hotelgrundstück entschädigungslos enteignet und der Adlon-Seitenflügel später zum volkseigenen Hotel-Garni-Betrieb umgewandelt (Abb. 18). Anfang 1950 wurde hier mit 110 Betten ein Viertel der früheren Kapazität erreicht. Zwischen Herbst

1952 und Frühjahr 1953 wurde schließlich das ausgebrannte Hauptgebäude abgetragen. Zwar verzeichnete ein DDR-Hotelführer im November 1976 unter dem „HO-Hotel Adlon" immerhin 146 Betten, doch zu diesem Zeitpunkt führte der bescheidene Zwei-Sterne-Betrieb längst schon ein Randdasein im Schatten der Mauer, die von den rückwärtigen Zimmern aus zu sehen war. Alle ehrgeizigen Absichten der DDR-Regierung, das Hotel Adlon wiederaufzubauen, waren somit gescheitert. 1984 schließlich riß man auch den inzwischen zum Heim für Hotelfachlehrlinge umgenutzten Seitenflügel ab.

Daß die Pläne der Ost-Berliner Stadtplanungskommission, das Hotel für 17 Millionen Mark als DDR-Gästehaus wiederaufzubauen, ad acta gelegt wurden, daran hatte nicht zuletzt auch Josef von Baykys westdeutscher Erfolgsfilm *Hotel Adlon* (1955) seinen Anteil. Zwar ragte der Spielfilm keinesfalls aus der Unmenge ähnlicher Produktionen heraus, die in den fünfziger Jahren die vergangene Pracht der Grand-Hotels Revue passieren ließen. Zu eindeutig verklammerte dieses Kinoepos jedoch den Aufstieg des Hotels mit den Schicksalen der Hohenzollernmonarchie, deren Bauten – die unselige Sprengung des Berliner Stadtschlosses 1950 sei hier genannt –, die DDR-Regierung ja gerade im Begriffe stand aus dem Stadtbild ihrer neuen Hauptstadt zu tilgen.

Noch einmal war das Hauptgebäude des Hotels Adlon – als Kinoattrappe – auf dem West-Berliner Reichssportfeld zu besichtigen, während die Innenaufnahmen in den Spandauer Studios der CCC-Produktionsgesellschaft entstanden (Abb. 19). Die Vorlage zum Drehbuch, für das Johannes Mario Simmel verantwortlich zeichnete, hatte Hedda Adlons anekdotenreich-elegische Hotelchronik

Abb. 19: Zehn Jahre nach seiner Zerstörung stieg das legendäre Haus am Pariser Platz in den Spielfilm-Himmel auf: Programmzettel zum 1955 entstandenen Adlon-Film Josef von Bakys, in dem in den Hauptrollen u.a. Nadja Tiller, Werner Hinz und Erich Schellow zu sehen waren.

geliefert, die kurze Zeit zuvor in der westdeutschen Illustrieren *Revue* erschienen war. Hedda Adlon, die bis zu ihrem Tod im Januar 1967 in der Nähe des Kurfürstendamms wohnte, gebührt auch das Verdienst, mit ihren Aufzeichnungen die Erinnerung an dieses im buchstäblichen Sinne ‚erste Haus am Platze' lebendig erhalten zu haben.

Darüber hinaus legte die Hotelierswitwe 1957 den Grundstein für die heutige Entwicklung, räumte sie doch, gegen eine Leibrente von 1.500 DM, der Hotelbetriebs-AG, aus der später die Kempinski-AG hervorging, das Vorkaufsrecht für das Adlongrundstück für den Fall ein, daß es je wieder in Familienbesitz gelangen sollte. Zwar blieb nach dem Mauerfall der Berliner Senat Eigentümer desselben, da die Enteignung noch vor der Gründung des SED-Staates vollzogen worden war. Die Kempinski-AG blieb jedoch ihrem eingeschlagenen Kurs treu und erwarb noch im Jahre 1989 das Adlon-Grundstück für 70 Mio. DM vom Land Berlin.

Adlon oblige II – Das neue Hotel Adlon

Mit dem überraschenden Fall der Mauer im November 1989 sahen sich die Berliner Bauverwaltungen und Stadtplaner urplötzlich mit der Frage konfrontiert, wie das leergeräumte Niemandsland am Brandenburger Tor, dem nunmehr wieder eine zentrale Mittlerfunktion zwischen dem historischen Stadtkern und dem Westen Berlins zukam, in einen attraktiven Stadtraum zurückverwandelt werden könne. In Expertenhearings und zahlreichen städtebaulichen

Abb. 20: Blick vom Pariser Platz auf das heutige Hotel Adlon. Die enge Anlehnung des Neubaus an das historische Vorbild löste während der Planungs- und Bauphase des Hotels rege Diskussionen aus.

Gutachten wurden oftmals stark voneinander abweichende Vorstellungen unterbreitet, bei denen lediglich in zwei zentralen Punkten Übereinstimmung herrschte: Daß zum einen die angestammte Quaréeform des Pariser Platzes mit der Parzellenstruktur der Anwesen auch für den zukünftigen Stadtraum Gültigkeit besitzen solle, und daß zum anderen das Geviert „mit seinen traditionellen Nutzungseinrichtungen wie Botschaften, Akademie der Künste, Hotel Adlon ... wiederherzustellen [sei]" (H. Machleidt, W. Stepp, W. Schäche: Städtebauliches Gutachten Umfeld Reichstag, Pariser Platz 1992).

Eine ‚Gestaltungssatzung' des damaligen Berliner Senatsbaudirektors Hans Stimmann legte schließlich auch das heftig umstrittene Erscheinungsbild der zukünftigen Gebäude fest. Demnach sollten weder Stahl noch Glas, also die typischen Baumaterialien der mittlerweile schon ‚klassischen' Moderne, das Äußere der Platzbauten prägen, sondern steinerne Lochfassaden mit einer Traufhöhe von nicht mehr als 22 Meter, die auch schon vor der Zerstörung des städtebaulichen Ensembles hier zur Ausführung gekommen waren. Keine Kopie, sondern vielmehr eine ‚kritische Rekonstruktion' des Stadtquartieres wurde angestrebt, und in Bauten wie den das Brandenburger Tor flankierenden Häusern ‚Sommer' und ‚Liebermann', dem ‚Eugen-Gutmann-Haus' der Dresdner Bank oder der Französischen Botschaft auch verwirklicht.

Kein anderes Gebäude des Pariser Platzes wurde dabei im Äußeren seinem historischen Vorbild so getreu nachgestaltet, wie das zwischen Anfang 1995 und Mitte 1997 von der Kölner Fundus Fonds-Verwaltungen GmbH für annähernd 450 Mio. DM errichtete neue Hotel Adlon. Zwar wurde der Hotelbau der Berliner Architekten Rüdiger Patzschke und Rainer-Michael Klotz gegenüber seinem Vorgängerbau um ein Stockwerk vermehrt, befinden sich anstelle des ehemaligen offenen Goethegartens nunmehr ein 500 m^2 großer Ballsaal, glasgedeckte Wintergärten und eine großzügige Hotellobby im Zentrum des neuen Hauses; doch wie schon beim früheren Adlon, so verleiht auch jetzt ein weithin leuchtendes, mächtiges Kupferdach der Straßen- und Platzfront des Hotels ihre eigentümliche Note, verhelfen Rundbögen und bossiertes Mauerwerk, Brüstungsbänder und ein umlaufendes Geländer auf dem Hauptgesims der Fassade zu ihrer reichen Gliederung. Die überaus enge Anlehnung dieses ersten fertiggestellten Platzgebäudes an das überlieferte Architekturvokabular löste rege Diskussionen aus: Kurze Zeit avancierte das Hotel zum umstrittensten Neubau unter den zahllosen Berliner Architekturprojekten seit der Wende. Man bescheinigte dem Architektenteam ‚restaurativen' Geist, bezichtigte es der Erneuerung unzeitgemäßer Architekturvorstellungen, bezeichnete das neue Hotel bald als ‚gespenstischen Wiedergänger', bald als ‚banales Remake' und gefühlige ‚Buttercremetorte', lobte andererseits aber auch die „richtige Baumasse", die erst dem Platzgeviert Halt geben würde (Wolf Jobst Siedler) (Abb. 20).

Wie auch immer man die Rückbesinnung der Architektur, wie sie sich in diesem ultramodernen ‚Palasthotel' – gerade auch im Kontrast zum gelungenen Nachbargebäude der Akademie der Künste Günther Behnischs – manifestiert hat, beurteilen mag: Von den Gästen wie Passanten wird das von Jean K. van Daalen geführte Hotel angenommen. Ist doch dieses neue Flaggschiff der traditionsreichen Kempinski Hotel & Resorts-Gruppe zur Zeit eines der bestausgelasteten Großstadthotels Deutschlands, das mit 52% durchschnittlicher Belegung im Jahre 1998 die meisten anderen Hotels seiner Kategorie weit hinter sich ließ. Eher noch als seiner Architektur scheint die Beliebtheit des neuen Hotels Adlon jedoch dem ‚genius loci' des Ortes geschuldet: dem legendären Ruf jenes alten – und neuen – ‚Empfangssalons' Berlins und seiner ereignisreichen Geschichte, der die kommenden Jahrzehnte neue Kapitel hinzufügen werden.

Literatur

Adlon, Hedda: Hotel Adlon. Das Haus in dem die Welt zu Gast war, München 1955.

Auer, Peter: Adlon. Ein Kempinski Hotel. Berlin 1997.

Demps, Laurenz/Paeschke, Carl-Ludwig: Das Hotel Adlon. Berlin 1997.

Frischauer, Willi: Europas Grand-Hotels. München 1966.

Gruber, Eckhard (Hg.): Fünfuhr-Tee im Adlon. Menschen und Hotels. Berlin 1994.

Jansen-Fleig, Claudia: Das Hotel Adlon. Weimar 1997.

Rave, Paul Ortwin: Karl Friedrich Schinkel. Berlin. Dritter Teil. Bauten für Wissenschaft, Verwaltung, Heer, Wohnbau und Denkmäler. Berlin 1962.

Schmitt, Michael: Palast Hotels. Architektur und Anspruch eines Bautyps. Berlin 1982.

Wenzel, Maria: Palasthotels in Deutschland. Untersuchungen zu einer Bauaufgabe im 19. und frühen 20. Jahrhundert. Hildesheim 1991.

Abbildungsnachweis

Staatsbiliothek Berlin: (Frontispiz)/Panorama der Strasse Unter den Linden (Lindenrolle vom Jahre 1820), Berlin 1991: 1/Rave, Paul Ortwin: Karl Friedrich Schinkel. Berlin. Dritter Teil. Bauten für Wissenschaft, Verwaltung, Heer, Wohnbau und Denkmäler. Berlin 1962: 2/Konzerthaus

Berlin. Schauspielhaus am Gendarmenmarkt. Berlin 1994: 3/Privatbesitz Eckhard Gruber: 15, 19, 4/Landesbildstelle Berlin: 5, 7, 14, 17, 18/Deutsche Bauzeitung XLI. Jg. 1907, Nr. 99: 9/Hotel Adlon, Führer durch Berlin (Privatbesitz Eckhard Gruber): 6, 10, 11, 12/Demps, Laurenz/Paeschke, Carl-Ludwig: Das Hotel Adlon. Berlin 1997: 8, 13, 16/Pressebüro Kempinski Hotels & Resorts: Cover-Foto, 20.

Die Deutsche Bibliothek – CIP-Einheitsaufnahme

Gruber, Eckhard:
Das Hotel Adlon / Eckhard Gruber. Markus Sebastian Braun (Hrsg.). – Berlin: Berlin-Ed., 2000
(Berliner Ansichten ; Bd. 12)
   Engl. Ausg. u.d.T.: Gruber, Eckhard: The Hotel Adlon
   ISBN 3-8148-0016-8

Copyright 2000 by Berlin Edition
in der Quintessenz Verlags-GmbH, Berlin.

Dieses Werk ist urheberrechtlich geschützt. Jede Verwertung außerhalb der engen Grenzen des Urheberrechtsgesetzes ist ohne Zustimmung des Verlags unzulässig und strafbar. Dies gilt insbesondere für Vervielfältigungen, Übersetzungen, Mikroverfilmungen sowie die Einspeicherung und Verarbeitung in elektronischen Systemen.

1. Auflage/März 2000
Frontispiz Werbeanzeige für das Hotel Adlon aus dem Jahre 1909, zwei Jahre nach seiner feierlichen Eröffnung.
Lektorat: Johannes Althoff
Umschlagkonzeption: Martin A. Hospach

Druck und Bindung: Bookprint, S. L., Barcelona, Spanien.